चांद इकलौता क्यों है?

मनु मनस्वी

Copyright © Manu Manaswi
All Rights Reserved.

ISBN 978-1-68554-249-8

This book has been published with all efforts taken to make the material error-free after the consent of the author. However, the author and the publisher do not assume and hereby disclaim any liability to any party for any loss, damage, or disruption caused by errors or omissions, whether such errors or omissions result from negligence, accident, or any other cause.

While every effort has been made to avoid any mistake or omission, this publication is being sold on the condition and understanding that neither the author nor the publishers or printers would be liable in any manner to any person by reason of any mistake or omission in this publication or for any action taken or omitted to be taken or advice rendered or accepted on the basis of this work. For any defect in printing or binding the publishers will be liable only to replace the defective copy by another copy of this work then available.

मेरी अद्र्धांगिनी अनीता चमोली बडोनी (अन्नू) को समर्पित,
जिसने हर कदम पर मेरा साथ निभाया...

और

जिसे यह मालूम है कि मैं

केवल लिखता हूं...

शुक्रिया अन्नू!!!!

क्रम-सूची

प्रस्तावना	xi
भूमिका	xiii
पावती (स्वीकृति)	xv
आमुख	xvii
खाने में नमक सरीखा काव्य	xix
आवरण	xxi
1. टोबा टेक सिंह	1
2. परीक्षण	2
3. कुछ बाकी है	3
4. इंतज़ार	4
5. बर्थडे गिफ्ट	5
6. हश्र	6
7. हंसी	7
8. वादा चांद का	8
9. जुगाली	9
10. एक दर्शन	10
11. शाम अब होने को है	11
12. तासीर	13
13. इश्शक	14
14. अंतर	15
15. परिवर्तन	16
16. डोली	17

• v •

क्रम-सूची

17. चांद का बर्थडे	19
18. मत रोओ तुम	20
19. बदलाव	21
20. नव सृजन	22
21. पिंजरा	23
22. अमीर	24
23. घनन घनन मेघा बरसा	25
24. बादल	27
25. तू मेरा है	28
26. फसल	29
27. पारखी	30
28. कीमत	31
29. अंगूर	32
30. रिश्ते	33
31. नीरस	34
32. तारीफें	35
33. इबादत	36
34. अटकन बटकन	37
35. दीपक	38
36. पड़ोसी	39
37. बिजूका	40

त्रिपदी

38. (1)	43

क्रम-सूची

39. (2)	44
40. (3)	45
41. (4)	46
42. (5)	47
43. (6)	48
44. (7)	49
45. (8)	50
46. (9)	51
47. (10)	52
48. (11)	53
49. (12)	54
50. (13)	55
51. (14)	56
52. (15)	57
53. (16)	58
54. (17)	59
55. (18)	60
56. (19)	61
57. (20)	62
58. (21)	63
59. (22)	64
60. (23)	65
61. (24)	66
62. (25)	67

क्रम-सूची

63. (26)	68
64. (27)	69
65. (28)	70
66. (29)	71
67. (30)	72
68. (31)	73
69. (32)	74
70. (33)	75
71. (34)	76
72. (35)	77

क्षणिकाएं

73. भोंदू	81
74. हराम	82
75. तृप्ति	83
76. पगड़ी	84
77. खत	85
78. जड़ें	86
79. सच	87
80. सिक्के	88

गजल

81. (i)	91
82. (ii)	92
83. (iii)	93

क्रम-सूची

84. (iv) 94
85. (v) 95
86. (vi) 96

प्रस्तावना

'चाँद इकलौता क्यों है?' मनु मनस्वी की कविताओं का पहला संग्रह है। बधाई! मुझे रचनाओं की यात्रा करने का अवसर मिला।

यह बात सही है कि हम पृथ्वीवासियों का चाँद एक ही है, लेकिन मनु मनस्वी की रचनाओं के रंग हज़ारों हैं। इतने रंग, जो पाठकों के अपने हैं, रोज़मर्रा के हैं। खुशियों के भी हैं तो ग़मों के भी हैं। 'चाँद इकलौता है' की एक-एक कविता पठनीय है, मननीय है। कहीं न कहीं वे पाठकों को प्यार में रंग देती हैं, प्रसन्नता से भर देती हैं, उत्साहित करती हैं। सकारात्मक भी बनाती हैं। मज़बूती प्रदान करती हैं तो आश्वस्त भी करती हैं कि जीवन सरल हो जाएगा। कुछ कविताओं को पढ़ते हुए खुद पर खीज भी उठती है। पाठकों को व्याकुल भी करती हैं। पाठकों के लिए मनु मनस्वी ने ऐसी कविताएं भी रची हैं, जो मानव मन की बुराईयों का चित्रण भी कराती हैं। भोगे हुए कर्मों का सही-गलत का भान भी कराती हैं। मुझे लगता है कि हर संवेदनशील पाठक 'चाँद इकलौता क्यों है?' यह जानने के लिए इन कविताओं को पढ़ना चाहेगा।

शुभकामनाएं..
मनोहर चमोली 'मनु'
वरिष्ठ साहित्यकार

भूमिका

जीवन के विभिन्न पड़ावों पर मेरे पथ प्रदर्शक और दोस्तों ने मुझे सहयोग दिया। मालती हलधर, बबीता नेगी जी, सुधा और प्रियंका, रेनू सैनी जी, रीमा गुगलानी जी, डॉ. पंकज पाराशर जी... जो जीवन के अलग-अलग मोड़ पर मेरी मार्गदर्शक और प्रेरणा रहीं, जिन्होंने मेरे लेखन को प्रोत्साहित किया और महत्वपूर्ण सुझाव भी दिए।

इन सभी के लिए हृदय से धन्यवाद!!

पावती (स्वीकृति)

खाने में नमक का महत्व और कविताओं में कहने का तरीका उसके स्वाद का उत्तरदायी होता है।

मुझे इन कविताओं में कवि की बहुआयामी सोच और शानदार बिम्ब प्रयोग बहुत प्रभावित कर गया।

स्त्री चेतना की ऐसी बेहतरीन कविताएं लिखी गई हैं, जिन्हें बार-बार पढ़ने का अवसर आप छोड़ना नहीं चाहेंगे। वहीं उनकी त्रिपदी एक प्रकार का नया प्रयोग मुझे लगा। बहुत ही सूक्ष्म स्वरूप में कविता की अहर्ताएं पूर्ण करता सा, जैसे कि खाना खाने के दौरान चटकारे लेकर अचार खाया जाए या फिर कुरकुरे पापड़ से उसका स्वाद बढ़ाया जाए। मां के विराट अस्तित्व को बहुत सी कविताओं में कवि ने समेटने का शानदार प्रयास किया है। 'चांद पर मां' शानदार कहन की कविता हुई है। त्रिवेणियां बेहद गहन भाव समेटे हुए विस्तृत फलक की भावाभिव्यक्तियां समेटे हैं।

सूक्ष्म काव्य दृष्टि से लैस कवि को इस संग्रह के लिए मेरी हार्दिक बधाई व शुभकामनाएं। लेखन में उत्तरोत्तर वे परिष्कृत हों ऐसी सुकामनाएं।

रुचि बहुगुणा उनियाल
लेखिका।

आमुख

कविता 'युग-धर्म' को अनुभूति के स्तर पर अंकित करने की युति है। इससे अनुभूति झरती हुई प्रतीत होनी चाहिए। यह अनुभूति कितनी 'स्व' से और कितनी 'सर्व' से जुड़ी है, इससे कविता की महत्ता और अर्थवत्ता रूपायित होती है। हाँ, जब कोई कवि इसमें नवाचार और बेबाक़ीपन मिलाने का यत्न करे, तो उसकी तरफ़ ध्यान आकृष्ट होता है। इसके ठीक विपरीत जब कोई कहे हुए का पुनर्कथन करता है, घिसी-पिटी लाईन लेता है, तो उसे झेलना तक पाठकों के लिए मुश्किल होता है।

आज की सामान्य स्थिति का आकलन करने पर हम देखते हैं कि यह कवित्वविहीन कविता का दुर्धर्ष काल है। प्रसिद्ध अंग्रेजी कवि जयंत महापात्र ने कहीं कहा है कि आज कविता की स्थिति यह है कि वह किसी सब्ज़ी मंडी के सबसे साधारण और सस्ते आलू को भी काव्यात्मक बनाने का सामर्थ्य रखती है, लेकिन समस्या यह है कि उसमें बस यही सामर्थ्य शेष है। किसी मुख्य, ज्वलंत, महत्त्वपूर्ण और विद्रूप विषय, वस्तु या परिघटना पर उसकी क्षमता अब संदिग्ध है। यह निश्चित ही विचारणीय स्थिति है।

अस्तु, ऐसी विचारणीय स्थिति में कुछ कवि अपने अंदाज़ेबयां से अपनी उपस्थिति महसूस कराते हैं।

मनु मनस्वी एक ऐसे ही कवि हैं, जो न केवल नए विषयों पर नवाचार के साथ लिखते हैं, अपितु नए बिंबों, नए प्रतीकों का सहारा लेकर अपनी काव्य-प्रतिभा का अहसास भी कराते हैं। इनकी त्रिपदियाँ अपने ट्रीटमेंट में हटकर हैं, यह इनके आस्वाद से सहज जाना जा सकता है। डोली से लेकर साबुन, पत्थर तक पर इन्होंने

न केवल लिखा है; वरन् पाठकों के संवेदनात्मक स्तर के संस्पर्श का सार्थक प्रयास किया है। आशा है, सुधी पाठक निराश नहीं होंगे।

कमलेश कमल
भाषा-विज्ञानी एवं बेस्टसेलर लेखक
(डिप्टी कमांडेंट, आईटीबीपी, गृह मंत्रालय)

खाने में नमक सरीखा काव्य

खाने में नमक का महत्व और कविताओं में कहने का तरीका उसके स्वाद का उत्तरदायी होता है।

मुझे इन कविताओं में कवि की बहुआयामी सोच और शानदार बिम्ब प्रयोग बहुत प्रभावित कर गया।

स्त्री चेतना की ऐसी बेहतरीन कविताएं लिखी गई हैं, जिन्हें बार-बार पढ़ने का अवसर आप छोड़ना नहीं चाहेंगे। वहीं उनकी त्रिपदी एक प्रकार का नया प्रयोग मुझे लगा। बहुत ही सूक्ष्म स्वरूप में कविता की अहर्ताएं पूर्ण करता सा, जैसे कि खाना खाने के दौरान चटकारे लेकर अचार खाया जाए या फिर कुरकुरे पापड़ से उसका स्वाद बढ़ाया जाए। मां के विराट अस्तित्व को बहुत सी कविताओं में कवि ने समेटने का शानदार प्रयास किया है। 'चांद पर मां' शानदार कहन की कविता हुई है। त्रिवेणियां बेहद गहन भाव समेटे हुए विस्तृत फलक की भावाभिव्यक्तियां समेटे हैं।

सूक्ष्म काव्य दृष्टि से लैस कवि को इस संग्रह के लिए मेरी हार्दिक बधाई व शुभकामनाएं। लेखन में उत्तरोत्तर वे परिष्कृत हों ऐसी सुकामनाएं।

रुचि बहुगुणा उनियाल
लेखिका।

आवरण

यूं तो नग्नता में ही असली प्राकृतिक सौंदर्य है, फिर भी जीवन में आवरण बेहद जरूरी है, खासकर पुस्तक के लिए आवरण भीतर के भावों को पाठक से परिचय कराने के लिए अत्यंत जरूरी है।

इस काव्य संग्रह के आवरण के लिए मैं अपनी आभासी मित्र ब्राजील निवासी गेरलूसिया फ्रेटेस का आभारी हूं, जिनके सटीक फोटो ने संग्रह का संपूर्ण कलेवर उकेरकर रख दिया। धन्यवाद गेरलूसिया!!!

1. टोबा टेक सिंह

फकत जमीन नहीं
पूरा वजूद बदल डाला था
उस एक फैसले ने।
न जाने कितनी मुस्कुराहटें
दफन हो गईं
होठों तक आते-आते
उस एक फैसले से।
इन सबसे बेफिक्र
वो बदहवास सा
आज भी सबको
रोक-रोककर
पूछता है
टोबा टेक सिंह कहां है?

2. परीक्षण

मैं बहुत खुश हुआ
जब चाय तुम नहीं लाईं
तुम्हारी बहिन- या शायद भाभी
रख गई उसे ठंडाने को
और तुम
पीछे-पीछे चली आईं
यूं ही, रोज की ड्रेस में।
हमें सन्नाटे की भीड़ में
जब छोड़ गए बुजुर्ग
तो उधड़ गए हम दोनों ही
पूरे के पूरे
ठंडी चाय गटकते ही
फिर उग आए रिश्ते।
'पसंद है ना बेटे?'
उधड़ी ऊन मैंने भी समेटी
उसने भी।
सर्दियां दूर हैं अभी
और लड़कियां भी कोई
स्टांप पेपर तो नहीं होतीं।

3. कुछ बाकी है

सब कुछ भूला तेरे दर पे
मधुशाला है साकी है
तुझको जीभर छककर जाना
मुझमें भी कुछ बाकी है।
हाथ में तख्ती नारों की ले
मुझको क्यों तुम उकसाते
किसकी जिंदा किसकी मुर्दा
मुझमें भी कुछ बाकी है।
खुद को तो गिरवी रख डाला
मुझ पर हंसते बिका नहीं
हर कोई यूं क्यों छू पाए
मुझमें भी कुछ बाकी है।
आप बन गए सामाजिक और
मुझको कहते सीधा है
मेहनत, नेकी और कुछ हेठी
मुझमें भी कुछ बाकी है।
लौट के देखा सन्नाटे में
उम्मीदों की लाश पड़ी थी
चंद खड़े थे साथ जनाजे
मुझमें भी कुछ बाकी है।

4. इंतज़ार

हर हफ्ते
जिंदगी में
आती है बहार
बस एक ही दिन।
कल्पनाएं बुनने लगती हैं
चलचित्र ख्वाबों के
तकदीर एक बार फिर
उम्मीदों का खाका खींचने को
हो जाती हैं आतुर।
आंखें पहन लेती हैं चश्मा
और कांपते हाथ
थाम लेते हैं
पैन की बैसाखी।
हो जाता है शुरु
इंतजार 'क्लासीफाइड' का।

5. बर्थडे गिफ्ट

इस बार
तुम उठाना अपना हाथ
जीवन के हर प्रश्न पर
बेखौफ होकर।
फिर देखना
कैसे कॉलेज की
आखिरी बैंच पर
बैठी सकुचाई सी लड़की
बदल देती है
पूरी दुनिया।
और हां!
आंसू हर बार नहीं
दिखाते तुम्हारी कमजोरी
ये बताते हैं
कि बहुत कुछ
सुलग रहा है तुम्हारे भीतर
ये हौसला ही
इस बार
तुम्हारे जन्मदिन पर
मेरी ओर से
सबसे बड़ा तोहफा होगा
तुम्हारे लिए।

6. हश्र

मैंने सहेजकर
रख दिए हैं
पिछले दिनों के
बासी फूल
अपनी किताबों में
बुकमार्क बना।
शायद किसी रोज
किसी इतराते फूल को
दिखला सकूं
उसका हश्र।

7. हंसी

हंसो
पूरी ताकत के साथ
ताकि तुम्हारे दिल के
किसी कोने में दुबकी
कोई उदासी
हो जाए छूमंतर
हंसो
ताकि आंखों से बहने वाले आंसू
खुशी के आंसू लगे उन्हें।
हंसो मेरे दोस्त
क्योंकि यही एक तरीका है
शायद
अपनी नाकामियों को
छिपाने का।

8. वादा चांद का

मैंने वादा किया था
अपनी बहन से
उसकी शादी में
लाकर दूंगा चांद
तब हाथ बहुत नन्हें थे मेरे
और बहन भी कहां जानती थी
चांद की ऊंचाई।
आज
मेहनत ने
चौड़ा कर दिया है
हाथों को मेरे
पर चांद
अब भी नहीं समाता
हथेलियों में।
एक और वादा टूट गया
एक और डोली उठ गई
बिना चांद के।

9. जुगाली

रिश्तों की बड़ी तेज भूख थी
कल तक
लेकिन अब
इस कदर छक चुका हूं
कि जुगाली नहीं होती।
वैसे भी
मन भरा हो तो
कविता नहीं छलकती।

10. एक दर्शन

फिलोसफी
दो शब्दों से मिलकर बना है।
'फिलांस' माने प्रेम
'सोफिया' माने बुद्धिमानी
जब निच्छल प्रेम में
दुनियादारी की बुद्धिमानी
मिलती है
तब ही तो बनती है
विवाह की 'दार्शनिकता'।
और इस मिलावटी दुनिया में
दर्शन हर रोज
पेट की खातिर
पिसता रहता है निरंतर
मेहनत की चक्की में।

11. शाम अब होने को है

उठो अब चल पड़ो घर को
शाम अब होने को है
समेट लो ये बिखरी जिंदगी
शाम अब होने को है।
मुस्कराहट तैरती है
आंसुओं की रेल में
साया ही अपना साथ खुद है
जिंदगी के खेल में।
खुशियों की कुछ कतरनें
कुछ चाहतों के फटे पुर्जे
परछाइयां दबोच डालो अब
शाम अब होने को है।
हिचकियां भी आजकल हैं
दोस्तों की चुगलियां
मन का बचपन मांगता है
ख्वाहिशों की तितलियां।
नेकियां तहखानों में गुम
चाहतें गिफ्ट पैक में
अपने 'मैं' संभालो अब
शाम अब होने को है।
बारिशों की कुछ बूंदें ही
छुट्टियों की जीत है

तपती धूप में खड़ा मैं
जाने किसकी प्रीत है
सच्चाई की सील चस्पां
तन गरीबी कह रहा
आंखें तुम ढक लो जरा
शाम अब होने को है।

12. तासीर

मेरी यादों का जायका
कुछ इस कदर तारी है उस पर
डाकखाने तक दौड़ आती है वो
हर रोज
मेरे जज्बात चखने को।

13. इश्शक

इश्क लगा तो इश्क चढ़ाया
इश्क ही छौंका, इश्क पकाया
इश्क उबाला इश्क ही छीला
छूकर देखा, इश्क था गीला
इश्क का टुकड़ा ताजा है,
फूंको धीरे से मजा देगा।

14. अंतर

वर्षों पहले
वो जो तोड़ती थी पत्थर
इलाहाबाद के पथ पर
वो अब भी तोड़ती है पत्थर
लेकिन प्रयागराज के पथ पर।

15. परिवर्तन

चाहता है मन
तुम्हारे समय वृक्ष से
मात्र कुछ क्षण।
ग़मों के पत्ते
छोड़ दो पतझड़ के लिए
और मीठे फल...
वो भी कहां रहेंगे हमेशा
बच्चों के ललचाए पत्थर
ढूंढ ही लेंगे उन्हें।
बस कुछ क्षण दे दो मुझे।
पल भर में
सृष्टि हो जाएगी
परिवर्तित
फिर लगेंगे नए पत्ते, नई कोंपलें
इसीलिए
मत ठूंसों इन मिठासों को
अपनी चोरजेबों में
इन्हें बिखेर दो
कुछ क्षणों के लिए।

16. डोली

तुम बनोगी मेरी हमसफर?
राह में पसरा पतझड़
सूख रहा सूना सागर
जल सरित का अश्रु बना
टपक रहा है झर-झर
तुम बनोगी मेरी हमसफर?
जूते न होंगे मेरे पैर में
तेरे पैर भी रीते होंगे
कंटक पथ होंगे अंगारे
चल दूंगा रख पग पग पर
तुम बनोगी मेरी हमसफर?
आदर्श हैं तम गुह के भीतर
जिंदा रखता हूं मर-मर कर
सूने रिश्ते, बिखरे नाते
पुनः निभाता हूं मैं जीकर
तुम बनोगी मेरी हमसफर?
गूंजती हैं सन्नाटों में
अपनी ही कुछ मीठी यादें
जीवन गरल के सागर में
खुशियां हैं मात्र तृण भर
तुम बनोगी मेरी हमसफर?
बंजर धरा अति विस्तृत

हर रोज खोद लाऊं अमृत
हल का फल रख हाथों में
पी लो तुम जी भर अगर
तुम बनोगी मेरी हमसफर।

17. चांद का बर्थडे

चांद उदास है
और मैं भी
शाम को जिंदगी से
फारिग हो
बैठेंगे दोनों कहीं
तन्हाई में
शैंपेन की बोतल के साथ
आज चांद का
जन्मदिन मनाएंगे।

18. मत रोओ तुम

हमारी भावनाएं ही
हमें करती हैं अलग
औरों से
लेकिन मत ओढ़ो इन्हें
इतना ज्यादा कि
बोझ लगने लगे तुम्हें
अपनी जिंदगी
और सामने वाले
छलते ही रहें तुम्हें
'अपना' ही जानकर।
और हां-
आंसू ही भावनाएं नहीं दर्शाते
सुर्ख लाल आंखें भी
बताती हैं कुछ न कुछ
जो उबल रहा है
हमारे भीतर।

19. बदलाव

तुम मत पोतो
मेरे कमरे को
आंखों में चुभती
सफेदी से।
मत साफ करो
कमरे की गंदगी,
मकड़ी के जाले,
चाय के बासी कप
और...
और भी बहुत कुछ...
ये सब चीजें ही
जिंदगी से जोड़ती हैं मुझे
इन्हें रहने दो यूं ही
मेरे साथ।
और वैसे भी
जिंदगी भी कहां
रोज-रोज बदलती है।

20. नव सृजन

हे त्रिलोचन!
आपतित कर तृतीय नेत्र
इस खंडित धरा पर।
ब्रह्म हुए निद्रामग्न
कर निर्माण इस धरा का
विष्णु हैं असहाय
पोषित कर वसुंधरा।
शेष है मात्र तू।
उगल दे धरा पर
अब तक का एकत्रित गरल।
ताकि
पनपे नई सृष्टि
और हो जाए यह जगत
कालातीत।

21. पिंजरा

मैंने ऊंची उड़ान भरी
पंख भी सलामत थे मेरे
पिंजरा लेकिन
मेरी उम्मीद से बड़ा निकला।

22. अमीर

नाकाम मोहब्बत में
उसने काट ली जीवन डोर।
अमीर बाप प्यार न ला सका
जिंदगी ले आया।

23. घनन घनन मेघा बरसा

घनन घनन घन, घनन घनन घन
घनन घनन घन बरसा रे।
बंजर नसीबों पे प्यार के हल चला रे।
कर में अर्जुन का गांडीव धर
ऐसे तीर चला रे
कोरे-कोरे मेघों में तू
फिर से नीर उगा रे।
जागती हैं कुछ भूखें
कलपती हैं कुछ नजरें
मेहनत के पेड़ों से इन्हें
चाहतों के फल चखा रे।
लालच की फसलें नहीं
प्रेम के धान उगा रे।
सबके हैं दुख दर्द यहां,
सबके हैं कुछ सपने
दुआओं की जड़ी बूटी से
सब दुख दूर भगा रे।
इश्क की गुड़ी
कहां उड़ चली
ऐसी पींग बढ़ा रे

नफरत की सारी गुड़ियां को
पल में भूमि गिरा रे।

24. बादल

कभी पूछा है किसी बादल से
बेवजह बरसते क्यों हो?
कभी पूछना जरुर
वो बताएंगे
कि काश
पूछने से पहले
एक बार यूं ही थोड़ा
भीगकर देख लेते बेवजह।

25. तू मेरा है

मैंने ताजा-ताजा
लिखा कागज पर
'तू मेरा है।'
उसने शरारत में
उंगलियों से मिटा दिया
लिखा हुआ 'मेरा'
अब बस 'तू है।

26. फसल

जब पकने लगे
तो दुनिया से बचाने को
ढूंढकर गाढ़ देते हैं बिजूका।
बाप के लिए
फसल क्यों होती हैं
ये लड़कियां?

27. पारखी

मेरी अनुभवी आंखें
न देख पाईं
उसके भीतर का तूफान।
आईने की आज
कलई खुल गई।

28. कीमत

वो खरीदने आए थे मुझे
मेरी न सुनकर
पटक गए मेरी कीमत।
दाम सिक्के थे शायद
अभी तक खनकते हैं।

29. अंगूर

बाहर का दिया
बुझ गया।
बाप की सांस
अटकी थी अंगूरों पर
न ला सका मैं
तो टूट गई।

30. रिश्ते

एक पतली सी डोर
बांधती है हम सबको
एक दूसरे से।
इस डोर के टूटने
और फिर गांठ बंधने तक
हम सभी रहते हैं
एक दूसरे के लिए
अजनबी से ही।

31. नीरस

तुम्हारा प्रेमिल संस्पर्श
मानों तपती धूप में
छाते की छांव
जिसे खोलने और
बंद करने की जद्दोजहद
मेरे ही हाथों
मेरे ही लिए।

32. तारीफें

हलक तक आते-आते
रुक जाती हैं तेरी तारीफें
सोचता हूं
कहीं शब्द हल्के न पड़ जाएं
तेरे आगे
मेरी मां।

33. इबादत

तुम्हें कागज पर उकेरूं
तो हो इबारत पूरी।
तुम्हें सजदा करूं
तो हो हर इबादत पूरी।
तुम हो ही ऐसी
मेरी मां।

34. अटकन बटकन

अटकन बटकन दही चटोखन
खुशियां बेचूं, ले लो टोकन।
गिली-गिली छू-छू जादू कर दूं
चांद सितारे गायब कर दूं
सच्चाई की अच्छाई ला
सारे जग को रोशन कर दूं।
सूरज को दे दें आराम
नाचे राधा नाचे मोहन।
अटकन बटकन दही चटोखन
खुशियां बेचूं ले लो टोकन
तेरे क्रोध को पानी कर दूं
तपते जग को सावन कर दूं।
नन्हीं सी मासूम हंसी से
सारी नफरत पावन कर दूं।
सारी दुनिया साथ हो तेरे
नाचे जैसे मीरा जोगन।
अटकन बटकन दही चटोखन
खुशियां बेचूं ले लो टोकन।

35. दीपक

देखते रहो
किसी दिये की
टिमटिमाती लौ को
शायद तुम्हें
याद हो आए
अपनी मां।

36. पड़ोसी

मेरा लगाया पौधा
अब बन चुका फलदार
इकट्ठे कर लिए हैं पत्थर
पड़ोसियों ने।

37. बिजूका

उनकी हां और ना से
डरते रहे हर रोज खामखां
जिनसे डरते थे,
वो तो बिजूका निकले।

त्रिपदी

जिस तरह गुलजार साहब की बिटिया समान है त्रिवेणी, उसी प्रकार मैंने भी त्रिपदी को पाला-पोसा है। दोनों जब साथ चलती हैं तो लोगबाग उनमें समानता ढूंढने लगते हैं, किंतु मेरी त्रिपदी त्रिवेणी से अलग है। त्रिपदी में जहां शुरु की दो पंक्तियां शेर की शक्ल में होती हैं और अंतिम पंक्ति या तो उन दोनों पंक्तियों के अर्थ में चार चांद लगा देती है या उनके अर्थ को एक दूसरा ही आयाम प्रदान करती है, वहीं मेरी त्रिपदी में केवल अंतिम पंक्ति ही त्रिवेणी के समान है। शुरु की दो पंक्तियां थोड़ी ढीठ हैं। वे शेर होने के नियम को हर बार मानें ही, ये जरूरी नहीं। बस लुत्फ लीजिये!

38. (1)

शीर्षासन करता हूं मैं तेरे तौर-तरीके सीखने को
उससे भी मगर तू सीधा नजर नहीं आता
कोई सिरा नहीं मिलता तुझ तक पहुंचने का।

तन्हा थे, तन्हा ही रहे।
चार दीवारें, एक छत और मैं
मिलकर भी एक न हुए।

39. (2)

वो न रुकता है, न थकता है
वे कहीं बैठकर सुस्ताता भी नहीं।
हर कहानी में कछुवा ही जीते, जरूरी तो नहीं।

जमीन में पसीना बोया
तो मेहनत ही उपजी।
मुये खेत ही न थे अपने।

40. (3)

अपनी आखिरी सांस फूंककर
फुला ही लिया गुब्बारा उसने
बच्चा रूठा जो था कल से।

रात गई और बात गई
अब तो है यह रात नई।
आज फिर मेघ भेजना तुम।

41. (4)

पिछली बार टूटा था कांच
और इस बार टूटा है पत्थर
उनके कहने पर दिल बदला था मैंने।

बहता है तो बहने दो
मत बांधों मन की गति।
अंगूठे ढूंढ ही लेते हैं जगह जुराबों में।

42. (5)

मां ने अपना तन जला
पकाई थी रोटियां केवल
नादान बच्चे अचार पे रूठ गए।

गृहस्थी को भरता रहा उम्रभर
बच्चे फिर भी रहे भूखे।
सुरसा का मुंह था, बढ़ता ही रहा।

43. (6)

जिस थाली में खाया
उसी में किया छेद
ज्यादा नमक स्वाद बिगाड़ गया शायद।

हथेली से उखाड़ फेंकी केंचुली
खुरचने पर भी बरकरार रही लकीरें
भरोसा क्यूंकर न हो तकदीर पर मुझे?

44. (7)

यादों के मीठे जायके से
कागज में उड़ेला इश्क।
जवाब में बेरंग लिफाफा आया।

बूंद बूंद से भरता घट
पर प्यास होती बलवती।
हम पैरों नहीं, परों तले कुचले गए।

45. (8)

हमने सफेद कबूतर उड़ाया
पर हाथ अपने सुर्ख लहू आया
पड़ोसी नहीं है काबिल दोस्ती के।

जहां गुस्से के गुब्बारे थे
अब हंसी के फव्वारे हैं।
बात बेवजह खींची थी हमने।

46. (9)

खुद भरपेट पानी पीकर
देता रहा अपने कौर बेटों को।
खून उनका फिर भी पानी हो गया।

कल रात बाहर टपका था बादल
और भीतर मेरा दिल-बस एक बूंद
एक मोती बना, एक कविता।

47. (10)

बच्चे भावी कर्णधार हैं
ये ही भविष्य का आधार हैं।
चूजे बड़े हो गए हलाल होने को।

ताउम्र खामोशी से सहती रही वो
इसलिए जब भी उठी, जल्दी उठी।
घर से डोली, ससुराल से अर्थी।

48. (11)

उसकी मर्जी के बिना
हिलता नहीं एक भी पत्ता
हमने खुदा न देखा, बॉस देखा।

हलक में अटका है चांद जाने कितनी देर से
न उगल ही पाता हूं और न निगलता हूं मैं।
तेरी तारीफ में एक ही लफ्ज सूझा था बस।

49. (12)

आंखें दर बदर घूमकर
लौट आई अपने ही घर।
भीतर का अंधेरा न चीर सकीं बेचारी।

हर जगह तलाशते रहे अच्छाई
फिर भी कहीं मिल न पाई।
सावन के अंधे को हरा ही सूझा था।

50. (13)

दरख्त इकलौता था कल तक
आज कौन काट ले गया?
अलग कमरा डाल रहा है बेटा छत पर।

मैं जीता, तुम हारीं
चलो अब तुम्हारी बारी।
लुकाछिपी का खेल जिंदगी।

51. (14)

बाप पूरा फुंकने भी न पाया था
यह सुनकर आंसू सूख गए।
कुछ दुकानें मेरे भी हिस्से आई हैं।

जो कभी झुकते नहीं
वो टूट जाते हैं अक्सर।
तुझ सी लचक मुझ में न आई।

52. (15)

भूल चुका था जिन रिश्तों को
इक पल में फिर याद आ गए।
कुछ बच्चे आए हैं घर पर गेंद ढूंढते-ढूंढते।

खुशियों से जेबें भर ली थीं कल
आज ढूंढे से भी नहीं मिल पाईं
फटी जेबें लिए निकले थे बाजार में।

53. (16)

कुछ शब्द पुराने तकियों तले
झाड़ पोंछ फिर से गढ़े।
मुर्दा वाक्य न जिला पाए फिर भी।

बादल तक तो पहुंच गया हूं
चांद दूर है अभी तलक भी।
चूहेदानियां खुली हुई हैं गोदामों में।

54. (17)

हांफता ही रहा मन
पर दौड़ते रहे मंजिल को।
कबड्डी के खेल में सांस टूट गई।

ढूंढोगे तो मिल जाएगा
अपना-अपना आसमान।
पैरों तले लेकिन जमीं सलामत रखना।

55. (18)

हम पालते रहे भविष्य के अरमान
भीतर दबा लिए दिल के तूफान।
खजाने में अपने खाली बोरियां थीं केवल।

उसने अपने फेफड़े जला
जिलाया था एक-एक शब्द।
सुना है कल मर गया टीबी से।

56. (19)

बाप जब भी पीकर आते है
लड़खड़ा जाता है पूरा परिवार।
कई घर बिखर जाते हैं बिना भूकंप के भी।

ढूंढते रहते हैं बेगानों में
अपना इक अदद सा नाम
जूते भी बाप के पहने थे हमने।

57. (20)

खाना होटल का है
बीवी है तुनकी हुई।
मेरी मां गांव चली गई आज।

जिंदगी की दौड़ में दौड़ा अकेला
जीत न सका मगर फिर भी।
आगे मुझसे मेरी परछाई थी।

58. (21)

मैं जब बुनने लगा स्वप्नकालीन
मिला लिए कुछ तार हकीकत के भी
चादर का वही हिस्सा चुभता है आंखों में।

बीस बरस तक सहेजा
पाला पोसा पराया धन
सूद समेत लौटाना पड़ा शादी में।

59. (22)

बेवजह मुलाकात की
कुछ अपनों की बात की।
गाड़ी देर से आएगी शायद।

अदालत में दे दी झूठी गवाही
बेगुनाह के भाग्य पर पुत गई स्याही।
आज भरपेट खाया सभी ने।

60. (23)

एक ममता की चादर सी
सबके तन पर होती है
मां तो बस, ऐसे ही सोती है।

सबका रहा ये अरमान
अपना हो ये आसमान।
पर बादल तो खुद आएंगे, खुद बरसेंगे।

61. (24)

मंदिरों में आग लगी
मस्जिदें खूंजदा हुईं।
अपने-अपने गुबार थे, फूट गए।

तिनका-तिनका जोड़ा पर
न समेट सका अपना घर
बच्चे उड़ना जो सीख गए अब।

62. (25)

मकान न बन सका घर
हमेशा रहा तन्हा सफर।
खिड़कियां भी वीरानों में खुलती हैं यहां।

दिल के बोझ बने पहाड़
और आंसू बने नदियां
पेंटिंग बिक गई पांच सौ रुपये में।

63. (26)

घर हो गया नीलाम
सामान रहा यूं ही बरकरार
किताबों का कोई खरीदार न मिला।

तुम दूध के धुले
हम दूध के जले
मां के लिए दोनों भले।

64. (27)

दोस्तों के मेरे रही
यही एक फितरत
आये और काट गए कुछ वक्त।

शरीर दुखने लगा है एक ही करवट लेटे हुए
दूसरी करवट से मगर चांद नजर न आएगा।
मीठा लगने लगा है ये दर्द अब तो...

65. (28)

जहर का प्याला गटकने लगा वो
मासूम बच्चे ने चिहुंककर पूछा
वहां रोटियां तो मिलती होंगी ना?

भरते रहो बुराइयों से अपने घड़े
सब कुछ तो हो चुका यहां पर।
बस शिव का तांडव शेष है।

66. (29)

आंखों पर पट्टी तो बांधी
खुले छोड़ गया हाथ और मुंह
सच ही कहा है कि वो गुस्से में है।

मेरे घर तक आते-आते
सूख जाता है पानी अक्सर।
बेरहम सूखे ने नदी को नंगा कर दिया।

67. (30)

इकलौती बिटिया की विदाई में
गले तक छलका दिल, आंखें नहीं।
बारिश ने भी अच्छी जुगलबंदी कर दी।

हर चीज की होती है इक वजह
बस तुझसे मोहब्बत थी बेवजह।
मेरे इश्क का दूसरा मतलब निकाला तुमने।

68. (31)

बूढ़े से अपनी दोस्ती
यूं निभाई दरख्त ने।
टहनियां दे दीं चिता के लिए।

चाहे कितना भी संभालो
सब घुल जाएगा एक दिन
मृत्यु है सावैभौम विलायक।

69. (32)

हमने दोस्ती की कलमें लगाईं
पौधे में चटख कोंपलें आईं।
कांटे बहुत ज्यादा हैं इस फूल के साथ।

बीच चौराहे सरेशाम
बेचारी लुट गई सरेआम।
तमाशबीन थे सारे, मैं भी निकल लिया।

70. (33)

जिंदगी में रहा ऐसा विरोधाभास
चाहने पर भी हाथ नहीं आया आकाश
चांदी के चम्मच थे, लेकिन पेट रहा भूखा।

बरसों बाद लौटा बेटा
न वो पहचाना, न मैं
आंखें ही बूढ़ी हो गईं अब तो।

71. (34)

तीस साल तक देखता रहा
अपनी मां की तस्वीर हर रोज
मेरी मां अचानक बूढ़ी हो गई।

बाप के मरने के बाद ही
बच्चे ने संभाल ली जिम्मेदारी।
चॉकलेट छोड़ दी बेचारे ने।

72. (35)

घर में पानी था कम
उगे हुए थे यूकेलिप्टिस।
क्या करता, कैक्टस बन गया मैं।

घर बन गया रेगिस्तान
उगा लिए सबने कैक्टस जबान पर।
जब से बेरोजगार हुआ मैं।

क्षणिकाएं

इक बूंद में भावना पिरोने की कोशिश...

73. भोंदू

बहुत बोल लिए हम
चलो दिल का गुबार तो निकला।
बेचारा आईना था
नाराज न हुआ।

74. हराम

जिंदगी भर
हराम की न खाई।
इसलिए जब भी खाई
मुंह की खाई।

75. तृप्ति

भूख दे ऐसी
कि तृप्त हो मन
मात्र सुजाता की खीर से।

76. पगड़ी

बेटी के विवाह में
बाप पूरा न बिका बस
पगड़ी रख आया
साहूकार के पैरों में।

77. खत

तुम्हें किस तरह उकेरूं
अपने खत में
मां ने पूछा है
तुम कैसी हो?

78. जड़ें

जड़ों से जुड़ा हूं
इसीलिए टूटा नहीं,
बस मुड़ा हूं।

79. सच

मैं हूं आईना
दिखाऊंगा सच ही।
हाथ में पत्थर होंगे
तो वो भी।

80. सिक्के

उखाड़ लिए
सारे रिश्ते खेतों से
गांव के सिक्के थे सारे
शहर में न चले।

गजल

ये गजलें रोमांटिक नहीं....

बस इतना ही कहना है।

81. (i)

बाजार है पहलू में मेरे और कुछ नहीं,
बिकते हैं जिंदा जिस्म यहां और कुछ नहीं।
रूह की भूख तो मिट जाती है यहां
चावल हुए हैं महंगे जरा और कुछ नहीं।
बचपनों की चाहतें दुकानों पे हैं सजी,
गरीब हसरत देखती है और कुछ नहीं।
आपको देखकर आया समझ में ये,
इक छलावा है शहर भी और कुछ नहीं।
जिंदगी कुर्बान कर दी देश के लिए
सोने के तमगे मिले हैं और कुछ नहीं।

82. (ii)

जब भी कभी जिंदगी गमगीन होती है
मौत भी मेरी हसरतों की शौकीन होती है।
तेरी करारी याद में बहते हैं तो बहने दे
आंसुओं से भी जिंदगी नमकीन होती है।
हसरतों का बोझ उठाए जब भी निकले घर से
तेरी मासूम हंसी मेरी तौहीन होती है।
झूम के ये साकी टपकाए जा शब भर
बेरंग मेरी तबीयत यहीं रंगीन होती है।
ताकते वक्त से न यूं नजरें चुराइये
लम्हों की सुईयां भी संगीन होती हैं।

83. (iii)

जाने ये जिंदगी कैसे गुजारते हैं लोग
मुस्कुराहट चिपकाकर आंसू उबालते हैं लोग।
किस्मतों की पतंगें कट जाती हैं कन्नियों से
रिश्वतों के मांजे कहां से ले आते हैं लोग।
सिसकियां सूख गईं बस्तियां उजड़ी हैं जबसे
जाने कैसे घरों में चूल्हा जला लेते हैं लोग।
बोझ इंसानियत के ढोया करते हैं सभी
फिर भी उफ तक नहीं निकालते हैं लोग।
हादसों की कब्र हो या मातमों की हो चिता
अपनों ही की आग से तंदूर जला लेते हैं लोग।

84. (iv)

मैं बोलूं तुम सुनकर कहना
तुम उधड़ो तो बुनकर कहना।
आईनों के पीछे चेहरे
सच बोलो तो सोच के कहना।
फिर अतीत ने करवट बदली
फिर से वो ही किस्से कहना।
मेरे पास तो फिर भी मां है
क्या है तेरे हिस्से कहना।
घर तक तो अब आ पहुंचा हूं
कौन मरा अब किससे कहना।
तुझे मुबारक ताल-तलैया
अपनी फितरत बहके कहना।
ताजा-ताजा कोर हाथ में
कितने भूखे गिनके कहना।

85. (v)

उनके हर लफ्ज को समझें जरा
लज्जते इश्क को बदलें जरा।
कोई आए तो मुंह न फेर सके
आज कुछ इस कदर संवरें जरा।
मेरी यादों में भीग जाओगे
आज हम इस कदर बरसें जरा।
गिरके तो सब ही संभल जाते हैं
चलते-चलते भीं संभलें जरा।
मैं भी आया हूं जान जाओगे
एक करवट तो कभी बदलें जरा।

86. (vi)

जिंदगी खूंजदा है मेरी इतनी यारों
हर लाली पे होता है गुमां खून का।
मिलेंगे पत्थर ही, जो मांगोगे रोटियां
बड़ा मुश्किल है गुजारा दो जून का।
उड़ा ले जाएं मंजिलों तक मेरी पतंगें
इरादा नहीं है ऐसा मानसून का।
रश्क करते हैं खुद पे वही यारों
जुर्म माफ है जिन्हें सौ खून का।

मनु मनस्वी जी का काव्य संग्रह जहां समय के साथ चलता प्रतीत होता है वहीं अतीत में भी ले जाता है कवि के कोमल हृदय की भावना जब हकीकत से टकराती है तो स्वार्थ कविता जन्म लेती है। सच कहूं तो सभी कविताओं की जितनी भी तारीफ़ की जाए कम है लेकिन स्वार्थ मेरी पसंदीदा कविता है यथार्थ के साथ बुनी हुई।

मनु को जितना जाना है, उससे लगता था कि वे हास्य व्यंग्य की कविताओं का संग्रह लाएंगे, लेकिन इनके इस रूप का अंदाजा नही था।

    रीमा गुगलानी
    आरजे एंकर।

www.ingramcontent.com/pod-product-compliance
Lightning Source LLC
LaVergne TN
LVHW041644060526
838200LV00040B/1699
9781685542498